Culturas de todo el mundo

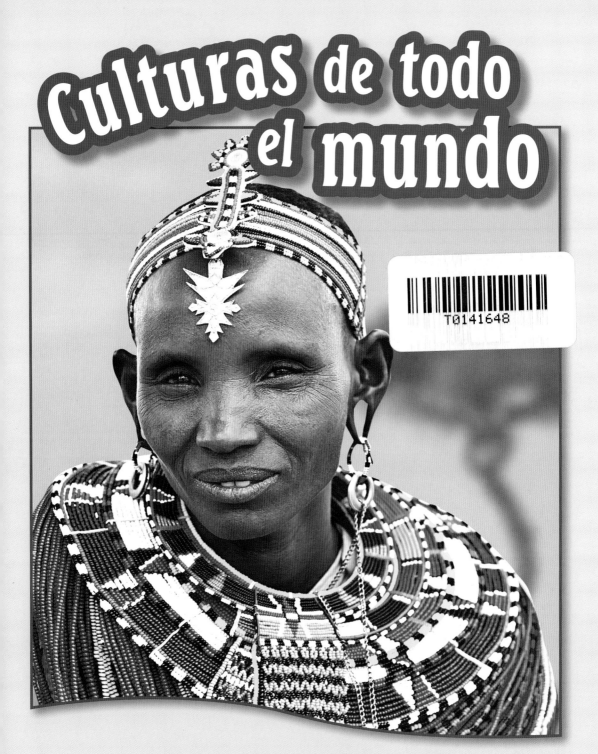

Jeanne Dustman, M.A.Ed.

Asesora

Caryn Williams, M.S.Ed.
Madison County Schools
Huntsville, AL

Créditos de imágenes: pág. 19 (derecha) Blend
Images/Alamy; pág. 22 (arriba) Bjarki Reyr MR/Alamy;
pág. 22 (derecha) Brian Yarvin/Alamy; pág. 21 (abajo)
Christine Osborne/World Religions Photo Library/
Alamy; pág. 26 (derecha) GoGo Images Corporation/
Alamy; pág. 9 Paul Springett C/Alamy; pág. 11 (arriba
y medio) The Bridgeman Art Library; pág. 8 Alex
Livesey/Getty Images; págs. 18–19 Andre Vogelaere/
Getty Images; pág. 12 (abajo) Keren Su/Getty Images;
pág. 7 (arriba) Matias Recart/AFP/Getty Images;
pág. 25 (arriba) Nick Laham/Getty Images; pág. 25
(abajo) Torsten Blackwood/AFP/Getty Images; pág. 19
(izquierda) The Granger Collection, NYC/The Granger
Collection; págs. 15 (arriba), 26 (izquierda), 28–29
(fondo), 29 (arriba y abajo) iStock; pág. 20 (derecha)
imagebroker/Gabrielle Therin-Weise/Newscom;
pág. 10 (izquierda) Vandeville Eric/ABACA/Newscom;
pág. 23 (arriba) Wikimedia Commons; todas las demás
imágenes pertenecen a Shutterstock.

Teacher Created Materials

5301 Oceanus Drive
Huntington Beach, CA 92649-1030
http://www.tcmpub.com

ISBN 978-1-4938-0590-7

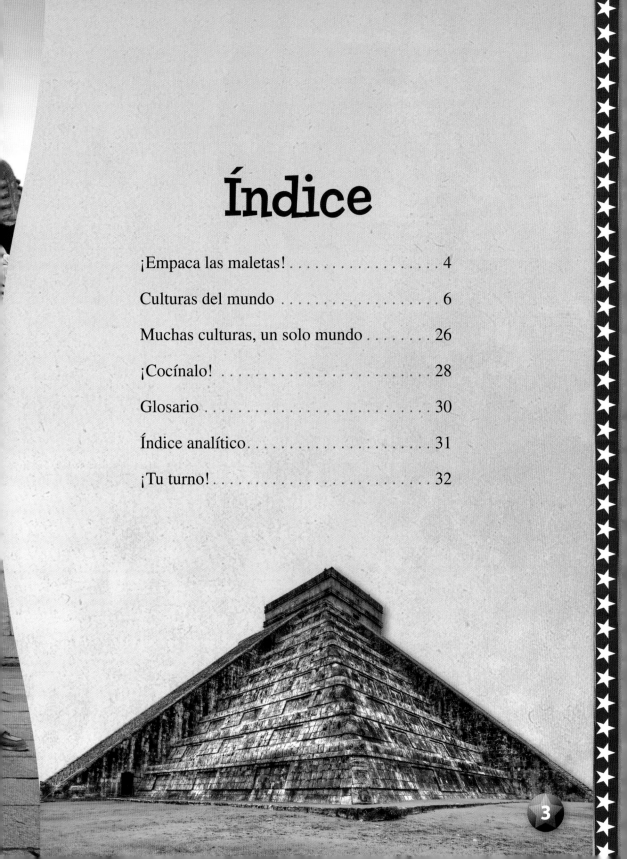

Índice

¡Empaca las maletas! 4

Culturas del mundo 6

Muchas culturas, un solo mundo 26

¡Cocínalo! 28

Glosario 30

Índice analítico 31

¡Tu turno! 32

México

Brasil

Brasileños marchan hacia un partido de la Copa Mundial.

¡Empaca las maletas!

Hay muchos países alrededor del mundo. Cada país tiene su propia **cultura**. La cultura es un conjunto de **costumbres** y **creencias** que son comunes para un grupo de personas. En este libro, visitaremos 10 países y aprenderemos más sobre sus culturas.

Es bueno aprender sobre otras culturas. Nos ayuda a conocer y respetar a las personas de todo el mundo. ¡También puede ser divertido! Es emocionante conocer las celebraciones de China y Brasil. Y es divertido ver los tipos de música que bailan la personas en Rusia y Filipinas.

4

Rusia

Italia

Israel

China

India

Kenia

Filipinas

Australia

Todas estas culturas forman nuestro mundo. Cada cultura es única. Es parte de lo que hace que cada país sea especial. Pero todos somos parte de un solo mundo. Y nos encanta celebrar las formas en las que nos parecemos y aquellas en las que nos diferenciamos... ¡juntos!

Esta bailarina celebra el Año Nuevo chino.

La Pirámide del Sol y la Pirámide de la Luna se construyeron en México hace mucho tiempo.

Culturas del mundo

Cada país del mundo tiene su propia y única cultura. Aprender sobre cada país enriquece nuestras vidas.

México

La cultura mexicana es rica en colores y **tradiciones**. Las personas que vivían en México hace mucho tiempo creaban arte vívido. El tinte de las plantas se usaba para elaborar vestimentas coloridas. Estudiaban las estrellas. ¡Y les encantaba practicar deportes! Los tamales eran un plato favorito a la hora de la comida. Bebían espumosas bebidas de chocolate. Incluso construyeron grandes templos que aún permanecen en pie.

Esta niña celebra la independencia de México.

¡Tiempo de tinga!

La tinga es un plato favorito mexicano. Consiste en pollo deshebrado y mezclado con una salsa de tomate espesa especial. Se sirve sobre tortillas tibias y crujientes.

Hoy en día, los tamales y los deportes siguen siendo los favoritos en México. La cultura mexicana aún está llena de celebraciones coloridas. El 16 de septiembre, ¡los mexicanos realmente se divierten! Es el Día de la **Independencia** de México. ¡Hay desfiles y banquetes! El aroma de la salsa y la tinga frescas colman el aire. Los colores de la bandera mexicana (verde, blanco y rojo) pueden verse en todas partes.

Brasil

Brasil es el país más grande de América del Sur. ¡Todas las primaveras tiene una enorme fiesta! El **carnaval** es una gran fiesta que dura cuatro días. Hay baile y música. Hay juegos y desfiles. Las personas usan trajes brillantes. Es el momento para estar felices y olvidar sus problemas. El carnaval es la celebración más famosa de Brasil. ¡Es tan famoso que se conoce en todo el mundo!

El equipo de fútbol de Brasil también es famoso a nivel mundial. ¡A los brasileños les encanta el fútbol! Todo el país mira los partidos que juega su equipo en la Copa Mundial. Las personas ondean banderas y se visten con los colores verde y amarillo. Estos son los colores **nacionales** de Brasil.

Copa Mundial

La Copa Mundial es un torneo de fútbol que se lleva a cabo cada cuatro años. Hay 32 equipos de todo el mundo que juegan en la Copa. ¡Brasil ha ganado la Copa cinco veces!

Estos dos futbolistas brasileños celebran tras ganar la Copa Mundial en 2002.

Los desfiles durante el carnaval son coloridos.

Italia

Italia tiene una larga historia. El Imperio romano comenzó en Italia hace mucho tiempo. Alguna vez fue el imperio más grande del mundo. El Coliseo se construyó en la ciudad de Roma durante esa época. Si vas a Roma, puedes visitar las ruinas de esta gran edificación.

La Ciudad del Vaticano está en el centro de Roma. Allí es donde vive el Papa. Él es el líder de la Iglesia **católica**.

Muchos grandes artistas provienen de Italia. Un excelente artista fue Miguel Ángel. Pintó la bóveda de la Capilla Sixtina. Hoy en día, muchas personas viajan a Italia para ver su obra de arte.

La cultura italiana también es conocida por su comida. La pizza y las pastas son comidas sabrosas de Italia. Muchas uvas y aceitunas crecen allí también.

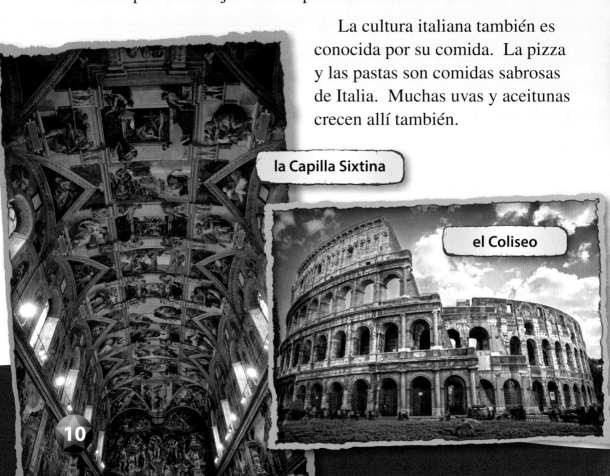

la Capilla Sixtina

el Coliseo

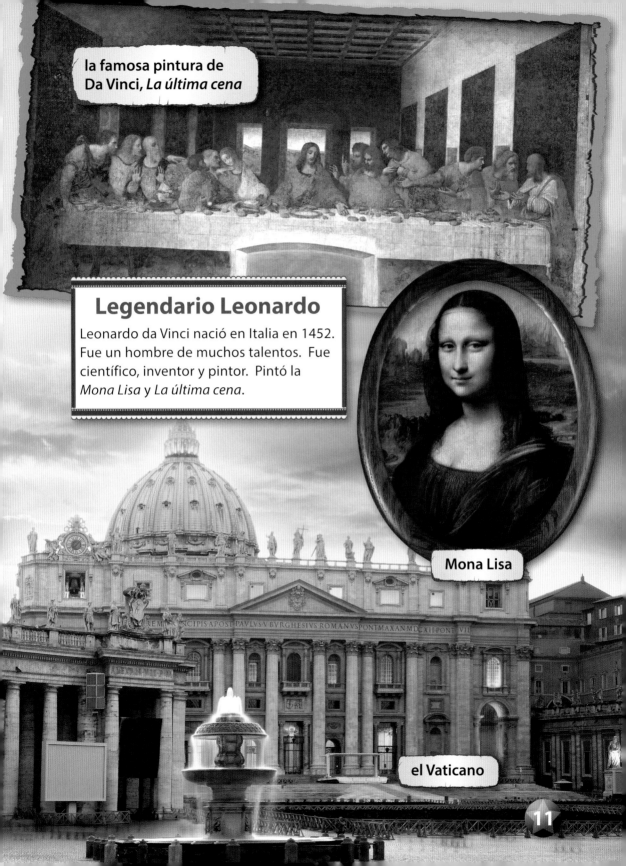

la famosa pintura de Da Vinci, *La última cena*

Legendario Leonardo

Leonardo da Vinci nació en Italia en 1452. Fue un hombre de muchos talentos. Fue científico, inventor y pintor. Pintó la *Mona Lisa* y *La última cena*.

Mona Lisa

el Vaticano

tribu Masai
de Kenia

Kenia

Kenia es un país grande de África. Hay muchas **tribus** en Kenia. Cada tribu tiene su propia cultura. La música y la danza forman parte de estas culturas. Además, a cada tribu le encanta compartir historias. Transmiten sus creencias y costumbres por medio de estas historias.

Estos kenianos celebran
con baile y música.

Muchos idiomas

¡En Kenia se hablan más de 60 idiomas diferentes! La mayoría de las personas que viven en Kenia hablan más de un idioma.

guerrero keniano

Los kenianos tienen muchas celebraciones. Las tribus se decoran los cuerpos con pinturas, plumas y cuentas. Usan trajes, tocan tambores y bailan. El inicio de la temporada de lluvias es una gran celebración. También lo es el Día Jamhuri. Este día se celebra cada 12 de diciembre. **Honra** el día en que Kenia se convirtió en un país independiente en 1964. Se dan discursos y las personas bailan. ¡También hay banquetes y desfiles!

Israel

Israel es un país pequeño. Jerusalén es la capital. Muchas personas consideran que es una ciudad **sagrada**. Muchos pueblos han luchado por vivir en esta tierra. Los países aún combaten por Israel.

La mayoría de las personas que viven en Israel son judías. Cuando los niños judíos cumplen 13 años, se los considera hombres. Tienen una celebración que se llama Bar Mitzvá. Cuando las niñas judías cumplen 12 años, se celebra el Bat Mitzvá. Estas celebraciones son importantes en la cultura judía.

Israel alberga el Muro de los Lamentos. Este muro de piedra se ha considerado un lugar importante en la cultura judía por muchísimo tiempo. Los visitantes escriben oraciones en trozos de papel. Luego, deslizan el papel entre las piedras del muro.

Personas celebran un Bar Mitzvá en Israel.

La Ciudad Sagrada

Jerusalén es una ciudad sagrada para tres **religiones**. Los musulmanes creen que Mahoma subió al paraíso desde la ciudad. Los judíos creen que el Mesías aparecerá en la ciudad algún día. Y los cristianos creen que Jesucristo murió y luego resucitó en Jerusalén.

Las oraciones se meten en el Muro de los Lamentos.

Rusia

Rusia es el país más grande del mundo. ¡Atraviesa dos continentes! Una parte de Rusia está en Europa, pero su mayoría está en Asia. Moscú es la ciudad más poblada de Rusia. También es la capital. ¡Es muy luminosa y colorida! El Kremlin está en Moscú. Tiene cinco palacios y cuatro **catedrales**. Si visitas Moscú, asegúrate de abrigarte. Por lo general, hace mucho frío en Rusia.

Rusia tiene una cultura creativa. Se conoce por la música y los escritores. Muchos artistas famosos también provienen de Rusia. Algunos artistas decoran huevos. Ponen pintura y joyas en cáscaras de huevo. Peter Carl Fabergé creó su primer huevo en 1885. Ahora, las personas llaman huevos de Fabergé a estos sofisticados huevos.

Magnífico ballet

El ballet constituye una gran parte de la cultura rusa. Si fueras un niño ruso, podrías convertirte en bailarín de ballet. Muchas niñas y niños rusos aprenden ballet.

huevo de Fabergé

Catedral de San Basilio en Moscú

el Kremlin

Con este desfile, se celebra el Año Nuevo chino.

China

China es uno de los países más antiguos y poblados del mundo. La cultura china honra el trabajo arduo y el aprendizaje. Los chinos comprenden que pueden aprender mucho de sus mayores. A menudo, los abuelos viven con sus familias. De esta manera, pueden ayudar a enseñar y guiar a los niños.

Esta pintura muestra a un fabricante de papel chino en 1643.

familia china

Ni Hao

En China, el idioma que se habla con mayor frecuencia se llama *mandarín*. Para decir "hola" en mandarín, dices "ni hao".

Hace mucho tiempo, China era líder en ciencias y matemáticas. También lideraba al mundo en el campo de la tecnología. Los chinos inventaron cosas como el papel y la pólvora.

Pero, ¡a los chinos también les gusta divertirse! El Año Nuevo chino es una gran celebración. Hay desfiles con fuegos artificiales y dragones de papel.

India

La India es un país grande de Asia. ¡Tiene más de mil millones de personas! La religión es una parte importante de la vida de la cultura india. Hay muchas religiones diferentes en la India. El hinduismo es la religión principal. Los hindúes creen en muchos dioses. También está el budismo. Fue iniciado por un príncipe indio. Se le conoció como Buda.

En la India también residen formas de arte llenas de vida. Allí se filman muchas películas todos los años. A menudo, las películas incluyen canto y baile. Muchas de estas películas se filman en la ciudad de Bombay. Las personas llaman a esta ciudad "Bollywood". Dicen que es el Hollywood de la India.

afiche de película de Bollywood

Una estatua de Buda situada en un templo de la India.

Hindúes oran en un templo en la India.

¡Eso es picante!

En la cocina india, el curry puede ser un alimento o una salsa. El curry es una mezcla de muchas especias.

Filipinas

¡Filipinas es una nación de más de 7,000 islas! Las islas se ubican en el sureste de Asia. Las **terrazas** de arroz son una parte especial de la cultura filipina. Son algo sorprendente de ver. Pero se necesita trabajar duro para que el arroz pueda crecer. Las terrazas ayudan a controlar el flujo de agua. Las habilidades para labrar las terrazas se transmiten de **generación** en generación.

El arroz se encuentra en la mayoría de los platos filipinos. El pancit y el lechón son platos favoritos. El pancit suele servirse en fiestas de cumpleaños. El pancit consiste en delgados fideos de arroz. Se mezcla con verduras y carnes. En las grandes fiestas, se sirve lechón. ¡Es un cerdo asado!

Una familia come una comida filipina tradicional.

pancit

lechón

terrazas de arroz

Tinikling

El baile es popular en la cultura filipina. Una danza folclórica se llama *tinikling* o danza del bambú. Cuenta la historia de un ave que se mueve por el césped alto.

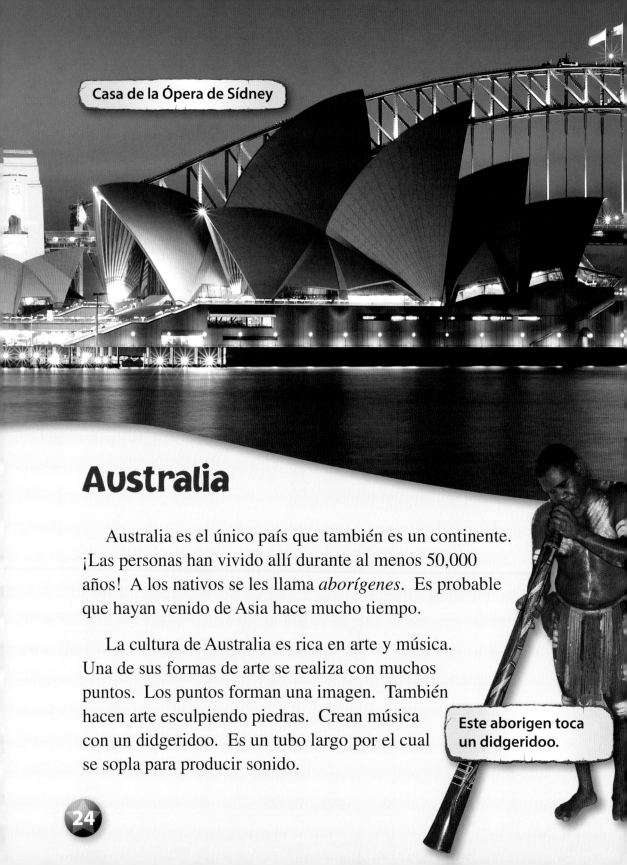

Casa de la Ópera de Sídney

Australia

Australia es el único país que también es un continente. ¡Las personas han vivido allí durante al menos 50,000 años! A los nativos se les llama *aborígenes*. Es probable que hayan venido de Asia hace mucho tiempo.

La cultura de Australia es rica en arte y música. Una de sus formas de arte se realiza con muchos puntos. Los puntos forman una imagen. También hacen arte esculpiendo piedras. Crean música con un didgeridoo. Es un tubo largo por el cual se sopla para producir sonido.

Este aborigen toca un didgeridoo.

Mujeres compiten en el partido de la Copa Femenina de Cricket de Australia en 2004.

Fanáticos del deporte

A los australianos les encantan los deportes. Pasan mucho tiempo practicando deportes al aire libre. Disfrutan del surf y de nadar. También les gusta jugar al cricket y al rugby.

Estos intérpretes de la Casa de la Ópera de Sídney ensayan para la noche de apertura.

La música es también una parte importante de la cultura australiana. En Sídney, la ciudad más grande de Australia, hay una famosa casa de la ópera. La ópera es un estilo de canto. Personas de todo el mundo vienen a ver las óperas que se interpretan allí.

Muchas culturas, un solo mundo

Las culturas están formadas por el pasado y el presente. Toman forma por el lugar en el que vivimos. Cambian con el tiempo. Nuestro mundo está lleno de muchas culturas únicas. Siempre es bueno conocer las diferentes formas en las que viven las personas. Esto nos ayuda a ver por qué cada país es especial. También nos recuerda que debemos respetar a quienes son diferentes.

Podemos celebrar distintos días festivos. Pero todos celebramos. Podemos comer distintos alimentos. Pero todos comemos. Podemos bailar música distinta. Pero todos bailamos. Cada uno de nosotros tiene su propia cultura única, pero también formamos parte de una cultura mundial.

Esta joven bailarina mexicana realiza una interpretación con un traje tradicional.

¡Cocínalo!

    Puedes aprender mucho sobre una cultura a través de la comida. Elige una cultura de este libro que te resulte interesante. Investiga y lee sobre las diferentes comidas que son únicas de esa cultura. Luego, pídele a un adulto que te ayude a cocinar un plato tradicional para tu familia y amigos.

pancit de Filipinas

tamales de México

Esta familia cocina distintos tipos de comidas.

Glosario

carnaval: un festival que se celebra antes de la Cuaresma que incluye música y baile

catedrales: las iglesias principales de un área

católico: relacionado con la Iglesia católica romana

costumbres: formas de comportarse que son normales entre las personas de un lugar en particular

creencias: la concepción de que algo es verdadero o cierto

cultura: las características de la vida diaria que comparte un grupo de personas en un lugar o época en particular

generación: un grupo de personas que nació y vivió en la misma época

honra: trata con respeto y admiración

Independencia: libertad de control o apoyo exterior

nacionales: relacionados con toda una nación o país

religiones: sistemas organizados de creencias, ceremonias y reglas que se usan para adorar a un dios o a un grupo de dioses

sagrada: respetada como santa o conectada con un dios o una religión

terrazas: áreas planas en las laderas de las colinas que se usan para plantar cultivos

tradiciones: formas de pensar o hacer algo que un grupo en particular ha hecho durante mucho tiempo

tribus: grupos de personas que comparten el mismo idioma, las mismas costumbres y las mismas creencias

Índice analítico

Año Nuevo chino, 18–19

Bollywood, 20

Capilla Sixtina, 10

carnaval, 8–9

Casa de la Ópera de Sídney, 24–25

Copa Mundial, 4, 8

Coliseo, 10

Da Vinci, Leonardo, 11

didgeridoo, 24

Fabergé, Peter Carl, 16

Jamhuri, 13

Jerusalén, 14–15

Kremlin, 16–17

lechón, 22

Miguel Ángel, 10

Muro de los Lamentos, 14–15

pancit, 22, 28

tinga, 7

tinikling, 23

Vaticano, 10–11

¡Tu turno!

Explorador del mundo

   ¡Explora un poco más! Busca un país que te interese, pero que no esté incluido en este libro. Investiga y aprende más sobre su cultura. Luego, escribe un nuevo capítulo para este libro sobre esa cultura. En el texto, asegúrate de incluir palabras descriptivas y detalles. Luego, busca imágenes coloridas que hagan que tu capítulo sea más atractivo para los lectores.